This Appointment Book Belongs To:

_____

Week of ___ / ___

TIME		MONDAY	TUESDAY	WEDNESDAY	THURSDAY
8 AM	:00				
	:15				
	:30				
	:45				
9 AM	:00				
	:15				
	:30				
	:45				
10 AM	:00				
	:15				
	:30				
	:45				
11 AM	:00				
	:15				
	:30				
	:45				
12 PM	:00				
	:15				
	:30				
	:45				
1 PM	:00				
	:15				
	:30				
	:45				
2 PM	:00				
	:15				
	:30				
	:45				
3 PM	:00				
	:15				
	:30				
	:45				
4 PM	:00				
	:15				
	:30				
	:45				
5 PM	:00				
	:15				
	:30				
	:45				
6 PM	:00				
	:15				
	:30				
	:45				
7 PM	:00				
	:15				
	:30				
	:45				

Week of ___ / ___

TIME		FRIDAY	SATURDAY	SUNDAY	NOTES
8 AM	:00				
	:15				
	:30				
	:45				
9 AM	:00				
	:15				
	:30				
	:45				
10 AM	:00				
	:15				
	:30				
	:45				
11 AM	:00				
	:15				
	:30				
	:45				
12 PM	:00				
	:15				
	:30				
	:45				
1 PM	:00				
	:15				
	:30				
	:45				
2 PM	:00				
	:15				
	:30				
	:45				
3 PM	:00				
	:15				
	:30				
	:45				
4 PM	:00				
	:15				
	:30				
	:45				
5 PM	:00				
	:15				
	:30				
	:45				
6 PM	:00				
	:15				
	:30				
	:45				
7 PM	:00				
	:15				
	:30				
	:45				

Week of ___ / ___

TIME		MONDAY	TUESDAY	WEDNESDAY	THURSDAY
8 AM	:00				
	:15				
	:30				
	:45				
9 AM	:00				
	:15				
	:30				
	:45				
10 AM	:00				
	:15				
	:30				
	:45				
11 AM	:00				
	:15				
	:30				
	:45				
12 PM	:00				
	:15				
	:30				
	:45				
1 PM	:00				
	:15				
	:30				
	:45				
2 PM	:00				
	:15				
	:30				
	:45				
3 PM	:00				
	:15				
	:30				
	:45				
4 PM	:00				
	:15				
	:30				
	:45				
5 PM	:00				
	:15				
	:30				
	:45				
6 PM	:00				
	:15				
	:30				
	:45				
7 PM	:00				
	:15				
	:30				
	:45				

Week of ___ / ___

TIME		FRIDAY	SATURDAY	SUNDAY	NOTES
8 AM	:00				
	:15				
	:30				
	:45				
9 AM	:00				
	:15				
	:30				
	:45				
10 AM	:00				
	:15				
	:30				
	:45				
11 AM	:00				
	:15				
	:30				
	:45				
12 PM	:00				
	:15				
	:30				
	:45				
1 PM	:00				
	:15				
	:30				
	:45				
2 PM	:00				
	:15				
	:30				
	:45				
3 PM	:00				
	:15				
	:30				
	:45				
4 PM	:00				
	:15				
	:30				
	:45				
5 PM	:00				
	:15				
	:30				
	:45				
6 PM	:00				
	:15				
	:30				
	:45				
7 PM	:00				
	:15				
	:30				
	:45				

Week of ___ / ___

TIME		MONDAY	TUESDAY	WEDNESDAY	THURSDAY
8 AM	:00				
	:15				
	:30				
	:45				
9 AM	:00				
	:15				
	:30				
	:45				
10 AM	:00				
	:15				
	:30				
	:45				
11 AM	:00				
	:15				
	:30				
	:45				
12 PM	:00				
	:15				
	:30				
	:45				
1 PM	:00				
	:15				
	:30				
	:45				
2 PM	:00				
	:15				
	:30				
	:45				
3 PM	:00				
	:15				
	:30				
	:45				
4 PM	:00				
	:15				
	:30				
	:45				
5 PM	:00				
	:15				
	:30				
	:45				
6 PM	:00				
	:15				
	:30				
	:45				
7 PM	:00				
	:15				
	:30				
	:45				

Week of ___ / ___

TIME		FRIDAY	SATURDAY	SUNDAY	NOTES
8 AM	:00				
	:15				
	:30				
	:45				
9 AM	:00				
	:15				
	:30				
	:45				
10 AM	:00				
	:15				
	:30				
	:45				
11 AM	:00				
	:15				
	:30				
	:45				
12 PM	:00				
	:15				
	:30				
	:45				
1 PM	:00				
	:15				
	:30				
	:45				
2 PM	:00				
	:15				
	:30				
	:45				
3 PM	:00				
	:15				
	:30				
	:45				
4 PM	:00				
	:15				
	:30				
	:45				
5 PM	:00				
	:15				
	:30				
	:45				
6 PM	:00				
	:15				
	:30				
	:45				
7 PM	:00				
	:15				
	:30				
	:45				

Week of ___ / ___

TIME		MONDAY	TUESDAY	WEDNESDAY	THURSDAY
8 AM	:00				
	:15				
	:30				
	:45				
9 AM	:00				
	:15				
	:30				
	:45				
10 AM	:00				
	:15				
	:30				
	:45				
11 AM	:00				
	:15				
	:30				
	:45				
12 PM	:00				
	:15				
	:30				
	:45				
1 PM	:00				
	:15				
	:30				
	:45				
2 PM	:00				
	:15				
	:30				
	:45				
3 PM	:00				
	:15				
	:30				
	:45				
4 PM	:00				
	:15				
	:30				
	:45				
5 PM	:00				
	:15				
	:30				
	:45				
6 PM	:00				
	:15				
	:30				
	:45				
7 PM	:00				
	:15				
	:30				
	:45				

Week of ___ / ___

TIME		FRIDAY	SATURDAY	SUNDAY	NOTES
8 AM	:00				
	:15				
	:30				
	:45				
9 AM	:00				
	:15				
	:30				
	:45				
10 AM	:00				
	:15				
	:30				
	:45				
11 AM	:00				
	:15				
	:30				
	:45				
12 PM	:00				
	:15				
	:30				
	:45				
1 PM	:00				
	:15				
	:30				
	:45				
2 PM	:00				
	:15				
	:30				
	:45				
3 PM	:00				
	:15				
	:30				
	:45				
4 PM	:00				
	:15				
	:30				
	:45				
5 PM	:00				
	:15				
	:30				
	:45				
6 PM	:00				
	:15				
	:30				
	:45				
7 PM	:00				
	:15				
	:30				
	:45				

Week of ___ / ___

TIME		MONDAY	TUESDAY	WEDNESDAY	THURSDAY
8 AM	:00				
	:15				
	:30				
	:45				
9 AM	:00				
	:15				
	:30				
	:45				
10 AM	:00				
	:15				
	:30				
	:45				
11 AM	:00				
	:15				
	:30				
	:45				
12 PM	:00				
	:15				
	:30				
	:45				
1 PM	:00				
	:15				
	:30				
	:45				
2 PM	:00				
	:15				
	:30				
	:45				
3 PM	:00				
	:15				
	:30				
	:45				
4 PM	:00				
	:15				
	:30				
	:45				
5 PM	:00				
	:15				
	:30				
	:45				
6 PM	:00				
	:15				
	:30				
	:45				
7 PM	:00				
	:15				
	:30				
	:45				

Week of ___ / ___

TIME		FRIDAY	SATURDAY	SUNDAY	NOTES
8 AM	:00				
	:15				
	:30				
	:45				
9 AM	:00				
	:15				
	:30				
	:45				
10 AM	:00				
	:15				
	:30				
	:45				
11 AM	:00				
	:15				
	:30				
	:45				
12 PM	:00				
	:15				
	:30				
	:45				
1 PM	:00				
	:15				
	:30				
	:45				
2 PM	:00				
	:15				
	:30				
	:45				
3 PM	:00				
	:15				
	:30				
	:45				
4 PM	:00				
	:15				
	:30				
	:45				
5 PM	:00				
	:15				
	:30				
	:45				
6 PM	:00				
	:15				
	:30				
	:45				
7 PM	:00				
	:15				
	:30				
	:45				

Week of ___ / ___

TIME		MONDAY	TUESDAY	WEDNESDAY	THURSDAY
8 AM	:00				
	:15				
	:30				
	:45				
9 AM	:00				
	:15				
	:30				
	:45				
10 AM	:00				
	:15				
	:30				
	:45				
11 AM	:00				
	:15				
	:30				
	:45				
12 PM	:00				
	:15				
	:30				
	:45				
1 PM	:00				
	:15				
	:30				
	:45				
2 PM	:00				
	:15				
	:30				
	:45				
3 PM	:00				
	:15				
	:30				
	:45				
4 PM	:00				
	:15				
	:30				
	:45				
5 PM	:00				
	:15				
	:30				
	:45				
6 PM	:00				
	:15				
	:30				
	:45				
7 PM	:00				
	:15				
	:30				
	:45				

Week of ___ / ___

TIME		FRIDAY	SATURDAY	SUNDAY	NOTES
8 AM	:00				
	:15				
	:30				
	:45				
9 AM	:00				
	:15				
	:30				
	:45				
10 AM	:00				
	:15				
	:30				
	:45				
11 AM	:00				
	:15				
	:30				
	:45				
12 PM	:00				
	:15				
	:30				
	:45				
1 PM	:00				
	:15				
	:30				
	:45				
2 PM	:00				
	:15				
	:30				
	:45				
3 PM	:00				
	:15				
	:30				
	:45				
4 PM	:00				
	:15				
	:30				
	:45				
5 PM	:00				
	:15				
	:30				
	:45				
6 PM	:00				
	:15				
	:30				
	:45				
7 PM	:00				
	:15				
	:30				
	:45				

Week of ___ / ___

TIME		MONDAY	TUESDAY	WEDNESDAY	THURSDAY
8 AM	:00				
	:15				
	:30				
	:45				
9 AM	:00				
	:15				
	:30				
	:45				
10 AM	:00				
	:15				
	:30				
	:45				
11 AM	:00				
	:15				
	:30				
	:45				
12 PM	:00				
	:15				
	:30				
	:45				
1 PM	:00				
	:15				
	:30				
	:45				
2 PM	:00				
	:15				
	:30				
	:45				
3 PM	:00				
	:15				
	:30				
	:45				
4 PM	:00				
	:15				
	:30				
	:45				
5 PM	:00				
	:15				
	:30				
	:45				
6 PM	:00				
	:15				
	:30				
	:45				
7 PM	:00				
	:15				
	:30				
	:45				

Week of ___ / ___

TIME		FRIDAY	SATURDAY	SUNDAY	NOTES
8 AM	:00				
	:15				
	:30				
	:45				
9 AM	:00				
	:15				
	:30				
	:45				
10 AM	:00				
	:15				
	:30				
	:45				
11 AM	:00				
	:15				
	:30				
	:45				
12 PM	:00				
	:15				
	:30				
	:45				
1 PM	:00				
	:15				
	:30				
	:45				
2 PM	:00				
	:15				
	:30				
	:45				
3 PM	:00				
	:15				
	:30				
	:45				
4 PM	:00				
	:15				
	:30				
	:45				
5 PM	:00				
	:15				
	:30				
	:45				
6 PM	:00				
	:15				
	:30				
	:45				
7 PM	:00				
	:15				
	:30				
	:45				

Week of ___ / ___

TIME		MONDAY	TUESDAY	WEDNESDAY	THURSDAY
8 AM	:00				
	:15				
	:30				
	:45				
9 AM	:00				
	:15				
	:30				
	:45				
10 AM	:00				
	:15				
	:30				
	:45				
11 AM	:00				
	:15				
	:30				
	:45				
12 PM	:00				
	:15				
	:30				
	:45				
1 PM	:00				
	:15				
	:30				
	:45				
2 PM	:00				
	:15				
	:30				
	:45				
3 PM	:00				
	:15				
	:30				
	:45				
4 PM	:00				
	:15				
	:30				
	:45				
5 PM	:00				
	:15				
	:30				
	:45				
6 PM	:00				
	:15				
	:30				
	:45				
7 PM	:00				
	:15				
	:30				
	:45				

Week of ___ / ___

TIME		FRIDAY	SATURDAY	SUNDAY	NOTES
8 AM	:00				
	:15				
	:30				
	:45				
9 AM	:00				
	:15				
	:30				
	:45				
10 AM	:00				
	:15				
	:30				
	:45				
11 AM	:00				
	:15				
	:30				
	:45				
12 PM	:00				
	:15				
	:30				
	:45				
1 PM	:00				
	:15				
	:30				
	:45				
2 PM	:00				
	:15				
	:30				
	:45				
3 PM	:00				
	:15				
	:30				
	:45				
4 PM	:00				
	:15				
	:30				
	:45				
5 PM	:00				
	:15				
	:30				
	:45				
6 PM	:00				
	:15				
	:30				
	:45				
7 PM	:00				
	:15				
	:30				
	:45				

Week of ___ / ___

TIME		MONDAY	TUESDAY	WEDNESDAY	THURSDAY
8 AM	:00				
	:15				
	:30				
	:45				
9 AM	:00				
	:15				
	:30				
	:45				
10 AM	:00				
	:15				
	:30				
	:45				
11 AM	:00				
	:15				
	:30				
	:45				
12 PM	:00				
	:15				
	:30				
	:45				
1 PM	:00				
	:15				
	:30				
	:45				
2 PM	:00				
	:15				
	:30				
	:45				
3 PM	:00				
	:15				
	:30				
	:45				
4 PM	:00				
	:15				
	:30				
	:45				
5 PM	:00				
	:15				
	:30				
	:45				
6 PM	:00				
	:15				
	:30				
	:45				
7 PM	:00				
	:15				
	:30				
	:45				

Week of ___ / ___

TIME		FRIDAY	SATURDAY	SUNDAY	NOTES
8 AM	:00				
	:15				
	:30				
	:45				
9 AM	:00				
	:15				
	:30				
	:45				
10 AM	:00				
	:15				
	:30				
	:45				
11 AM	:00				
	:15				
	:30				
	:45				
12 PM	:00				
	:15				
	:30				
	:45				
1 PM	:00				
	:15				
	:30				
	:45				
2 PM	:00				
	:15				
	:30				
	:45				
3 PM	:00				
	:15				
	:30				
	:45				
4 PM	:00				
	:15				
	:30				
	:45				
5 PM	:00				
	:15				
	:30				
	:45				
6 PM	:00				
	:15				
	:30				
	:45				
7 PM	:00				
	:15				
	:30				
	:45				

Week of ___ / ___

TIME		MONDAY	TUESDAY	WEDNESDAY	THURSDAY
8 AM	:00				
	:15				
	:30				
	:45				
9 AM	:00				
	:15				
	:30				
	:45				
10 AM	:00				
	:15				
	:30				
	:45				
11 AM	:00				
	:15				
	:30				
	:45				
12 PM	:00				
	:15				
	:30				
	:45				
1 PM	:00				
	:15				
	:30				
	:45				
2 PM	:00				
	:15				
	:30				
	:45				
3 PM	:00				
	:15				
	:30				
	:45				
4 PM	:00				
	:15				
	:30				
	:45				
5 PM	:00				
	:15				
	:30				
	:45				
6 PM	:00				
	:15				
	:30				
	:45				
7 PM	:00				
	:15				
	:30				
	:45				

Week of ___ / ___

TIME		FRIDAY	SATURDAY	SUNDAY	NOTES
8 AM	:00				
	:15				
	:30				
	:45				
9 AM	:00				
	:15				
	:30				
	:45				
10 AM	:00				
	:15				
	:30				
	:45				
11 AM	:00				
	:15				
	:30				
	:45				
12 PM	:00				
	:15				
	:30				
	:45				
1 PM	:00				
	:15				
	:30				
	:45				
2 PM	:00				
	:15				
	:30				
	:45				
3 PM	:00				
	:15				
	:30				
	:45				
4 PM	:00				
	:15				
	:30				
	:45				
5 PM	:00				
	:15				
	:30				
	:45				
6 PM	:00				
	:15				
	:30				
	:45				
7 PM	:00				
	:15				
	:30				
	:45				

Week of ___ / ___

TIME		MONDAY	TUESDAY	WEDNESDAY	THURSDAY
8 AM	:00				
	:15				
	:30				
	:45				
9 AM	:00				
	:15				
	:30				
	:45				
10 AM	:00				
	:15				
	:30				
	:45				
11 AM	:00				
	:15				
	:30				
	:45				
12 PM	:00				
	:15				
	:30				
	:45				
1 PM	:00				
	:15				
	:30				
	:45				
2 PM	:00				
	:15				
	:30				
	:45				
3 PM	:00				
	:15				
	:30				
	:45				
4 PM	:00				
	:15				
	:30				
	:45				
5 PM	:00				
	:15				
	:30				
	:45				
6 PM	:00				
	:15				
	:30				
	:45				
7 PM	:00				
	:15				
	:30				
	:45				

Week of ___ / ___

TIME		FRIDAY	SATURDAY	SUNDAY	NOTES
8 AM	:00				
	:15				
	:30				
	:45				
9 AM	:00				
	:15				
	:30				
	:45				
10 AM	:00				
	:15				
	:30				
	:45				
11 AM	:00				
	:15				
	:30				
	:45				
12 PM	:00				
	:15				
	:30				
	:45				
1 PM	:00				
	:15				
	:30				
	:45				
2 PM	:00				
	:15				
	:30				
	:45				
3 PM	:00				
	:15				
	:30				
	:45				
4 PM	:00				
	:15				
	:30				
	:45				
5 PM	:00				
	:15				
	:30				
	:45				
6 PM	:00				
	:15				
	:30				
	:45				
7 PM	:00				
	:15				
	:30				
	:45				

Week of ___ / ___

TIME		MONDAY	TUESDAY	WEDNESDAY	THURSDAY
8 AM	:00				
	:15				
	:30				
	:45				
9 AM	:00				
	:15				
	:30				
	:45				
10 AM	:00				
	:15				
	:30				
	:45				
11 AM	:00				
	:15				
	:30				
	:45				
12 PM	:00				
	:15				
	:30				
	:45				
1 PM	:00				
	:15				
	:30				
	:45				
2 PM	:00				
	:15				
	:30				
	:45				
3 PM	:00				
	:15				
	:30				
	:45				
4 PM	:00				
	:15				
	:30				
	:45				
5 PM	:00				
	:15				
	:30				
	:45				
6 PM	:00				
	:15				
	:30				
	:45				
7 PM	:00				
	:15				
	:30				
	:45				

Week of ___ / ___

TIME		FRIDAY	SATURDAY	SUNDAY	NOTES
8 AM	:00				
	:15				
	:30				
	:45				
9 AM	:00				
	:15				
	:30				
	:45				
10 AM	:00				
	:15				
	:30				
	:45				
11 AM	:00				
	:15				
	:30				
	:45				
12 PM	:00				
	:15				
	:30				
	:45				
1 PM	:00				
	:15				
	:30				
	:45				
2 PM	:00				
	:15				
	:30				
	:45				
3 PM	:00				
	:15				
	:30				
	:45				
4 PM	:00				
	:15				
	:30				
	:45				
5 PM	:00				
	:15				
	:30				
	:45				
6 PM	:00				
	:15				
	:30				
	:45				
7 PM	:00				
	:15				
	:30				
	:45				

Week of ___ / ___

TIME		MONDAY	TUESDAY	WEDNESDAY	THURSDAY
8 AM	:00				
	:15				
	:30				
	:45				
9 AM	:00				
	:15				
	:30				
	:45				
10 AM	:00				
	:15				
	:30				
	:45				
11 AM	:00				
	:15				
	:30				
	:45				
12 PM	:00				
	:15				
	:30				
	:45				
1 PM	:00				
	:15				
	:30				
	:45				
2 PM	:00				
	:15				
	:30				
	:45				
3 PM	:00				
	:15				
	:30				
	:45				
4 PM	:00				
	:15				
	:30				
	:45				
5 PM	:00				
	:15				
	:30				
	:45				
6 PM	:00				
	:15				
	:30				
	:45				
7 PM	:00				
	:15				
	:30				
	:45				

Week of ___ / ___

TIME		FRIDAY	SATURDAY	SUNDAY	NOTES
8 AM	:00				
	:15				
	:30				
	:45				
9 AM	:00				
	:15				
	:30				
	:45				
10 AM	:00				
	:15				
	:30				
	:45				
11 AM	:00				
	:15				
	:30				
	:45				
12 PM	:00				
	:15				
	:30				
	:45				
1 PM	:00				
	:15				
	:30				
	:45				
2 PM	:00				
	:15				
	:30				
	:45				
3 PM	:00				
	:15				
	:30				
	:45				
4 PM	:00				
	:15				
	:30				
	:45				
5 PM	:00				
	:15				
	:30				
	:45				
6 PM	:00				
	:15				
	:30				
	:45				
7 PM	:00				
	:15				
	:30				
	:45				

Week of ___ / ___

TIME		MONDAY	TUESDAY	WEDNESDAY	THURSDAY
8 AM	:00				
	:15				
	:30				
	:45				
9 AM	:00				
	:15				
	:30				
	:45				
10 AM	:00				
	:15				
	:30				
	:45				
11 AM	:00				
	:15				
	:30				
	:45				
12 PM	:00				
	:15				
	:30				
	:45				
1 PM	:00				
	:15				
	:30				
	:45				
2 PM	:00				
	:15				
	:30				
	:45				
3 PM	:00				
	:15				
	:30				
	:45				
4 PM	:00				
	:15				
	:30				
	:45				
5 PM	:00				
	:15				
	:30				
	:45				
6 PM	:00				
	:15				
	:30				
	:45				
7 PM	:00				
	:15				
	:30				
	:45				

Week of ___ / ___

TIME		FRIDAY	SATURDAY	SUNDAY	NOTES
8 AM	:00				
	:15				
	:30				
	:45				
9 AM	:00				
	:15				
	:30				
	:45				
10 AM	:00				
	:15				
	:30				
	:45				
11 AM	:00				
	:15				
	:30				
	:45				
12 PM	:00				
	:15				
	:30				
	:45				
1 PM	:00				
	:15				
	:30				
	:45				
2 PM	:00				
	:15				
	:30				
	:45				
3 PM	:00				
	:15				
	:30				
	:45				
4 PM	:00				
	:15				
	:30				
	:45				
5 PM	:00				
	:15				
	:30				
	:45				
6 PM	:00				
	:15				
	:30				
	:45				
7 PM	:00				
	:15				
	:30				
	:45				

Week of ___ / ___

TIME		MONDAY	TUESDAY	WEDNESDAY	THURSDAY
8 AM	:00				
	:15				
	:30				
	:45				
9 AM	:00				
	:15				
	:30				
	:45				
10 AM	:00				
	:15				
	:30				
	:45				
11 AM	:00				
	:15				
	:30				
	:45				
12 PM	:00				
	:15				
	:30				
	:45				
1 PM	:00				
	:15				
	:30				
	:45				
2 PM	:00				
	:15				
	:30				
	:45				
3 PM	:00				
	:15				
	:30				
	:45				
4 PM	:00				
	:15				
	:30				
	:45				
5 PM	:00				
	:15				
	:30				
	:45				
6 PM	:00				
	:15				
	:30				
	:45				
7 PM	:00				
	:15				
	:30				
	:45				

Week of ___ / ___

TIME		FRIDAY	SATURDAY	SUNDAY	NOTES
8 AM	:00				
	:15				
	:30				
	:45				
9 AM	:00				
	:15				
	:30				
	:45				
10 AM	:00				
	:15				
	:30				
	:45				
11 AM	:00				
	:15				
	:30				
	:45				
12 PM	:00				
	:15				
	:30				
	:45				
1 PM	:00				
	:15				
	:30				
	:45				
2 PM	:00				
	:15				
	:30				
	:45				
3 PM	:00				
	:15				
	:30				
	:45				
4 PM	:00				
	:15				
	:30				
	:45				
5 PM	:00				
	:15				
	:30				
	:45				
6 PM	:00				
	:15				
	:30				
	:45				
7 PM	:00				
	:15				
	:30				
	:45				

Week of ___ / ___

TIME		MONDAY	TUESDAY	WEDNESDAY	THURSDAY
8 AM	:00				
	:15				
	:30				
	:45				
9 AM	:00				
	:15				
	:30				
	:45				
10 AM	:00				
	:15				
	:30				
	:45				
11 AM	:00				
	:15				
	:30				
	:45				
12 PM	:00				
	:15				
	:30				
	:45				
1 PM	:00				
	:15				
	:30				
	:45				
2 PM	:00				
	:15				
	:30				
	:45				
3 PM	:00				
	:15				
	:30				
	:45				
4 PM	:00				
	:15				
	:30				
	:45				
5 PM	:00				
	:15				
	:30				
	:45				
6 PM	:00				
	:15				
	:30				
	:45				
7 PM	:00				
	:15				
	:30				
	:45				

Week of ___ / ___

TIME		FRIDAY	SATURDAY	SUNDAY	NOTES
8 AM	:00				
	:15				
	:30				
	:45				
9 AM	:00				
	:15				
	:30				
	:45				
10 AM	:00				
	:15				
	:30				
	:45				
11 AM	:00				
	:15				
	:30				
	:45				
12 PM	:00				
	:15				
	:30				
	:45				
1 PM	:00				
	:15				
	:30				
	:45				
2 PM	:00				
	:15				
	:30				
	:45				
3 PM	:00				
	:15				
	:30				
	:45				
4 PM	:00				
	:15				
	:30				
	:45				
5 PM	:00				
	:15				
	:30				
	:45				
6 PM	:00				
	:15				
	:30				
	:45				
7 PM	:00				
	:15				
	:30				
	:45				

Week of ___ / ___

TIME		MONDAY	TUESDAY	WEDNESDAY	THURSDAY
8 AM	:00				
	:15				
	:30				
	:45				
9 AM	:00				
	:15				
	:30				
	:45				
10 AM	:00				
	:15				
	:30				
	:45				
11 AM	:00				
	:15				
	:30				
	:45				
12 PM	:00				
	:15				
	:30				
	:45				
1 PM	:00				
	:15				
	:30				
	:45				
2 PM	:00				
	:15				
	:30				
	:45				
3 PM	:00				
	:15				
	:30				
	:45				
4 PM	:00				
	:15				
	:30				
	:45				
5 PM	:00				
	:15				
	:30				
	:45				
6 PM	:00				
	:15				
	:30				
	:45				
7 PM	:00				
	:15				
	:30				
	:45				

Week of ___ / ___

TIME		FRIDAY	SATURDAY	SUNDAY	NOTES
8 AM	:00				
	:15				
	:30				
	:45				
9 AM	:00				
	:15				
	:30				
	:45				
10 AM	:00				
	:15				
	:30				
	:45				
11 AM	:00				
	:15				
	:30				
	:45				
12 PM	:00				
	:15				
	:30				
	:45				
1 PM	:00				
	:15				
	:30				
	:45				
2 PM	:00				
	:15				
	:30				
	:45				
3 PM	:00				
	:15				
	:30				
	:45				
4 PM	:00				
	:15				
	:30				
	:45				
5 PM	:00				
	:15				
	:30				
	:45				
6 PM	:00				
	:15				
	:30				
	:45				
7 PM	:00				
	:15				
	:30				
	:45				

Week of ___ / ___

TIME		MONDAY	TUESDAY	WEDNESDAY	THURSDAY
8 AM	:00				
	:15				
	:30				
	:45				
9 AM	:00				
	:15				
	:30				
	:45				
10 AM	:00				
	:15				
	:30				
	:45				
11 AM	:00				
	:15				
	:30				
	:45				
12 PM	:00				
	:15				
	:30				
	:45				
1 PM	:00				
	:15				
	:30				
	:45				
2 PM	:00				
	:15				
	:30				
	:45				
3 PM	:00				
	:15				
	:30				
	:45				
4 PM	:00				
	:15				
	:30				
	:45				
5 PM	:00				
	:15				
	:30				
	:45				
6 PM	:00				
	:15				
	:30				
	:45				
7 PM	:00				
	:15				
	:30				
	:45				

Week of ___ / ___

TIME		FRIDAY	SATURDAY	SUNDAY	NOTES
8 AM	:00				
	:15				
	:30				
	:45				
9 AM	:00				
	:15				
	:30				
	:45				
10 AM	:00				
	:15				
	:30				
	:45				
11 AM	:00				
	:15				
	:30				
	:45				
12 PM	:00				
	:15				
	:30				
	:45				
1 PM	:00				
	:15				
	:30				
	:45				
2 PM	:00				
	:15				
	:30				
	:45				
3 PM	:00				
	:15				
	:30				
	:45				
4 PM	:00				
	:15				
	:30				
	:45				
5 PM	:00				
	:15				
	:30				
	:45				
6 PM	:00				
	:15				
	:30				
	:45				
7 PM	:00				
	:15				
	:30				
	:45				

Week of ___ / ___

TIME		MONDAY	TUESDAY	WEDNESDAY	THURSDAY
8 AM	:00				
	:15				
	:30				
	:45				
9 AM	:00				
	:15				
	:30				
	:45				
10 AM	:00				
	:15				
	:30				
	:45				
11 AM	:00				
	:15				
	:30				
	:45				
12 PM	:00				
	:15				
	:30				
	:45				
1 PM	:00				
	:15				
	:30				
	:45				
2 PM	:00				
	:15				
	:30				
	:45				
3 PM	:00				
	:15				
	:30				
	:45				
4 PM	:00				
	:15				
	:30				
	:45				
5 PM	:00				
	:15				
	:30				
	:45				
6 PM	:00				
	:15				
	:30				
	:45				
7 PM	:00				
	:15				
	:30				
	:45				

Week of ___ / ___

TIME		FRIDAY	SATURDAY	SUNDAY	NOTES
8 AM	:00				
	:15				
	:30				
	:45				
9 AM	:00				
	:15				
	:30				
	:45				
10 AM	:00				
	:15				
	:30				
	:45				
11 AM	:00				
	:15				
	:30				
	:45				
12 PM	:00				
	:15				
	:30				
	:45				
1 PM	:00				
	:15				
	:30				
	:45				
2 PM	:00				
	:15				
	:30				
	:45				
3 PM	:00				
	:15				
	:30				
	:45				
4 PM	:00				
	:15				
	:30				
	:45				
5 PM	:00				
	:15				
	:30				
	:45				
6 PM	:00				
	:15				
	:30				
	:45				
7 PM	:00				
	:15				
	:30				
	:45				

Week of ___ / ___

TIME		MONDAY	TUESDAY	WEDNESDAY	THURSDAY
8 AM	:00				
	:15				
	:30				
	:45				
9 AM	:00				
	:15				
	:30				
	:45				
10 AM	:00				
	:15				
	:30				
	:45				
11 AM	:00				
	:15				
	:30				
	:45				
12 PM	:00				
	:15				
	:30				
	:45				
1 PM	:00				
	:15				
	:30				
	:45				
2 PM	:00				
	:15				
	:30				
	:45				
3 PM	:00				
	:15				
	:30				
	:45				
4 PM	:00				
	:15				
	:30				
	:45				
5 PM	:00				
	:15				
	:30				
	:45				
6 PM	:00				
	:15				
	:30				
	:45				
7 PM	:00				
	:15				
	:30				
	:45				

Week of ___ / ___

TIME		FRIDAY	SATURDAY	SUNDAY	NOTES
8 AM	:00				
	:15				
	:30				
	:45				
9 AM	:00				
	:15				
	:30				
	:45				
10 AM	:00				
	:15				
	:30				
	:45				
11 AM	:00				
	:15				
	:30				
	:45				
12 PM	:00				
	:15				
	:30				
	:45				
1 PM	:00				
	:15				
	:30				
	:45				
2 PM	:00				
	:15				
	:30				
	:45				
3 PM	:00				
	:15				
	:30				
	:45				
4 PM	:00				
	:15				
	:30				
	:45				
5 PM	:00				
	:15				
	:30				
	:45				
6 PM	:00				
	:15				
	:30				
	:45				
7 PM	:00				
	:15				
	:30				
	:45				

Week of ___ / ___

TIME		MONDAY	TUESDAY	WEDNESDAY	THURSDAY
8 AM	:00				
	:15				
	:30				
	:45				
9 AM	:00				
	:15				
	:30				
	:45				
10 AM	:00				
	:15				
	:30				
	:45				
11 AM	:00				
	:15				
	:30				
	:45				
12 PM	:00				
	:15				
	:30				
	:45				
1 PM	:00				
	:15				
	:30				
	:45				
2 PM	:00				
	:15				
	:30				
	:45				
3 PM	:00				
	:15				
	:30				
	:45				
4 PM	:00				
	:15				
	:30				
	:45				
5 PM	:00				
	:15				
	:30				
	:45				
6 PM	:00				
	:15				
	:30				
	:45				
7 PM	:00				
	:15				
	:30				
	:45				

Week of ___ / ___

TIME		FRIDAY	SATURDAY	SUNDAY	NOTES
8 AM	:00				
	:15				
	:30				
	:45				
9 AM	:00				
	:15				
	:30				
	:45				
10 AM	:00				
	:15				
	:30				
	:45				
11 AM	:00				
	:15				
	:30				
	:45				
12 PM	:00				
	:15				
	:30				
	:45				
1 PM	:00				
	:15				
	:30				
	:45				
2 PM	:00				
	:15				
	:30				
	:45				
3 PM	:00				
	:15				
	:30				
	:45				
4 PM	:00				
	:15				
	:30				
	:45				
5 PM	:00				
	:15				
	:30				
	:45				
6 PM	:00				
	:15				
	:30				
	:45				
7 PM	:00				
	:15				
	:30				
	:45				

Week of ___ / ___

TIME		MONDAY	TUESDAY	WEDNESDAY	THURSDAY
8 AM	:00				
	:15				
	:30				
	:45				
9 AM	:00				
	:15				
	:30				
	:45				
10 AM	:00				
	:15				
	:30				
	:45				
11 AM	:00				
	:15				
	:30				
	:45				
12 PM	:00				
	:15				
	:30				
	:45				
1 PM	:00				
	:15				
	:30				
	:45				
2 PM	:00				
	:15				
	:30				
	:45				
3 PM	:00				
	:15				
	:30				
	:45				
4 PM	:00				
	:15				
	:30				
	:45				
5 PM	:00				
	:15				
	:30				
	:45				
6 PM	:00				
	:15				
	:30				
	:45				
7 PM	:00				
	:15				
	:30				
	:45				

Week of ___ / ___

TIME		FRIDAY	SATURDAY	SUNDAY	NOTES
8 AM	:00				
	:15				
	:30				
	:45				
9 AM	:00				
	:15				
	:30				
	:45				
10 AM	:00				
	:15				
	:30				
	:45				
11 AM	:00				
	:15				
	:30				
	:45				
12 PM	:00				
	:15				
	:30				
	:45				
1 PM	:00				
	:15				
	:30				
	:45				
2 PM	:00				
	:15				
	:30				
	:45				
3 PM	:00				
	:15				
	:30				
	:45				
4 PM	:00				
	:15				
	:30				
	:45				
5 PM	:00				
	:15				
	:30				
	:45				
6 PM	:00				
	:15				
	:30				
	:45				
7 PM	:00				
	:15				
	:30				
	:45				

Week of ___ / ___

TIME		MONDAY	TUESDAY	WEDNESDAY	THURSDAY
8 AM	:00				
	:15				
	:30				
	:45				
9 AM	:00				
	:15				
	:30				
	:45				
10 AM	:00				
	:15				
	:30				
	:45				
11 AM	:00				
	:15				
	:30				
	:45				
12 PM	:00				
	:15				
	:30				
	:45				
1 PM	:00				
	:15				
	:30				
	:45				
2 PM	:00				
	:15				
	:30				
	:45				
3 PM	:00				
	:15				
	:30				
	:45				
4 PM	:00				
	:15				
	:30				
	:45				
5 PM	:00				
	:15				
	:30				
	:45				
6 PM	:00				
	:15				
	:30				
	:45				
7 PM	:00				
	:15				
	:30				
	:45				

Week of ___ / ___

TIME		FRIDAY	SATURDAY	SUNDAY	NOTES
8 AM	:00				
	:15				
	:30				
	:45				
9 AM	:00				
	:15				
	:30				
	:45				
10 AM	:00				
	:15				
	:30				
	:45				
11 AM	:00				
	:15				
	:30				
	:45				
12 PM	:00				
	:15				
	:30				
	:45				
1 PM	:00				
	:15				
	:30				
	:45				
2 PM	:00				
	:15				
	:30				
	:45				
3 PM	:00				
	:15				
	:30				
	:45				
4 PM	:00				
	:15				
	:30				
	:45				
5 PM	:00				
	:15				
	:30				
	:45				
6 PM	:00				
	:15				
	:30				
	:45				
7 PM	:00				
	:15				
	:30				
	:45				

Week of ___ / ___

TIME		MONDAY	TUESDAY	WEDNESDAY	THURSDAY
8 AM	:00				
	:15				
	:30				
	:45				
9 AM	:00				
	:15				
	:30				
	:45				
10 AM	:00				
	:15				
	:30				
	:45				
11 AM	:00				
	:15				
	:30				
	:45				
12 PM	:00				
	:15				
	:30				
	:45				
1 PM	:00				
	:15				
	:30				
	:45				
2 PM	:00				
	:15				
	:30				
	:45				
3 PM	:00				
	:15				
	:30				
	:45				
4 PM	:00				
	:15				
	:30				
	:45				
5 PM	:00				
	:15				
	:30				
	:45				
6 PM	:00				
	:15				
	:30				
	:45				
7 PM	:00				
	:15				
	:30				
	:45				

Week of ___ / ___

TIME		FRIDAY	SATURDAY	SUNDAY	NOTES
8 AM	:00				
	:15				
	:30				
	:45				
9 AM	:00				
	:15				
	:30				
	:45				
10 AM	:00				
	:15				
	:30				
	:45				
11 AM	:00				
	:15				
	:30				
	:45				
12 PM	:00				
	:15				
	:30				
	:45				
1 PM	:00				
	:15				
	:30				
	:45				
2 PM	:00				
	:15				
	:30				
	:45				
3 PM	:00				
	:15				
	:30				
	:45				
4 PM	:00				
	:15				
	:30				
	:45				
5 PM	:00				
	:15				
	:30				
	:45				
6 PM	:00				
	:15				
	:30				
	:45				
7 PM	:00				
	:15				
	:30				
	:45				

Week of ___ / ___

TIME		MONDAY	TUESDAY	WEDNESDAY	THURSDAY
8 AM	:00				
	:15				
	:30				
	:45				
9 AM	:00				
	:15				
	:30				
	:45				
10 AM	:00				
	:15				
	:30				
	:45				
11 AM	:00				
	:15				
	:30				
	:45				
12 PM	:00				
	:15				
	:30				
	:45				
1 PM	:00				
	:15				
	:30				
	:45				
2 PM	:00				
	:15				
	:30				
	:45				
3 PM	:00				
	:15				
	:30				
	:45				
4 PM	:00				
	:15				
	:30				
	:45				
5 PM	:00				
	:15				
	:30				
	:45				
6 PM	:00				
	:15				
	:30				
	:45				
7 PM	:00				
	:15				
	:30				
	:45				

Week of ___ / ___

TIME		FRIDAY	SATURDAY	SUNDAY	NOTES
8 AM	:00				
	:15				
	:30				
	:45				
9 AM	:00				
	:15				
	:30				
	:45				
10 AM	:00				
	:15				
	:30				
	:45				
11 AM	:00				
	:15				
	:30				
	:45				
12 PM	:00				
	:15				
	:30				
	:45				
1 PM	:00				
	:15				
	:30				
	:45				
2 PM	:00				
	:15				
	:30				
	:45				
3 PM	:00				
	:15				
	:30				
	:45				
4 PM	:00				
	:15				
	:30				
	:45				
5 PM	:00				
	:15				
	:30				
	:45				
6 PM	:00				
	:15				
	:30				
	:45				
7 PM	:00				
	:15				
	:30				
	:45				

Week of ___ / ___

TIME		MONDAY	TUESDAY	WEDNESDAY	THURSDAY
8 AM	:00				
	:15				
	:30				
	:45				
9 AM	:00				
	:15				
	:30				
	:45				
10 AM	:00				
	:15				
	:30				
	:45				
11 AM	:00				
	:15				
	:30				
	:45				
12 PM	:00				
	:15				
	:30				
	:45				
1 PM	:00				
	:15				
	:30				
	:45				
2 PM	:00				
	:15				
	:30				
	:45				
3 PM	:00				
	:15				
	:30				
	:45				
4 PM	:00				
	:15				
	:30				
	:45				
5 PM	:00				
	:15				
	:30				
	:45				
6 PM	:00				
	:15				
	:30				
	:45				
7 PM	:00				
	:15				
	:30				
	:45				

Week of ___ / ___

TIME		FRIDAY	SATURDAY	SUNDAY	NOTES
8 AM	:00				
	:15				
	:30				
	:45				
9 AM	:00				
	:15				
	:30				
	:45				
10 AM	:00				
	:15				
	:30				
	:45				
11 AM	:00				
	:15				
	:30				
	:45				
12 PM	:00				
	:15				
	:30				
	:45				
1 PM	:00				
	:15				
	:30				
	:45				
2 PM	:00				
	:15				
	:30				
	:45				
3 PM	:00				
	:15				
	:30				
	:45				
4 PM	:00				
	:15				
	:30				
	:45				
5 PM	:00				
	:15				
	:30				
	:45				
6 PM	:00				
	:15				
	:30				
	:45				
7 PM	:00				
	:15				
	:30				
	:45				

Week of ___ / ___

TIME		MONDAY	TUESDAY	WEDNESDAY	THURSDAY
8 AM	:00				
	:15				
	:30				
	:45				
9 AM	:00				
	:15				
	:30				
	:45				
10 AM	:00				
	:15				
	:30				
	:45				
11 AM	:00				
	:15				
	:30				
	:45				
12 PM	:00				
	:15				
	:30				
	:45				
1 PM	:00				
	:15				
	:30				
	:45				
2 PM	:00				
	:15				
	:30				
	:45				
3 PM	:00				
	:15				
	:30				
	:45				
4 PM	:00				
	:15				
	:30				
	:45				
5 PM	:00				
	:15				
	:30				
	:45				
6 PM	:00				
	:15				
	:30				
	:45				
7 PM	:00				
	:15				
	:30				
	:45				

Week of ___ / ___

TIME		FRIDAY	SATURDAY	SUNDAY	NOTES
8 AM	:00				
	:15				
	:30				
	:45				
9 AM	:00				
	:15				
	:30				
	:45				
10 AM	:00				
	:15				
	:30				
	:45				
11 AM	:00				
	:15				
	:30				
	:45				
12 PM	:00				
	:15				
	:30				
	:45				
1 PM	:00				
	:15				
	:30				
	:45				
2 PM	:00				
	:15				
	:30				
	:45				
3 PM	:00				
	:15				
	:30				
	:45				
4 PM	:00				
	:15				
	:30				
	:45				
5 PM	:00				
	:15				
	:30				
	:45				
6 PM	:00				
	:15				
	:30				
	:45				
7 PM	:00				
	:15				
	:30				
	:45				

Week of ___ / ___

TIME		MONDAY	TUESDAY	WEDNESDAY	THURSDAY
8 AM	:00				
	:15				
	:30				
	:45				
9 AM	:00				
	:15				
	:30				
	:45				
10 AM	:00				
	:15				
	:30				
	:45				
11 AM	:00				
	:15				
	:30				
	:45				
12 PM	:00				
	:15				
	:30				
	:45				
1 PM	:00				
	:15				
	:30				
	:45				
2 PM	:00				
	:15				
	:30				
	:45				
3 PM	:00				
	:15				
	:30				
	:45				
4 PM	:00				
	:15				
	:30				
	:45				
5 PM	:00				
	:15				
	:30				
	:45				
6 PM	:00				
	:15				
	:30				
	:45				
7 PM	:00				
	:15				
	:30				
	:45				

Week of ___ / ___

TIME		FRIDAY	SATURDAY	SUNDAY	NOTES
8 AM	:00				
	:15				
	:30				
	:45				
9 AM	:00				
	:15				
	:30				
	:45				
10 AM	:00				
	:15				
	:30				
	:45				
11 AM	:00				
	:15				
	:30				
	:45				
12 PM	:00				
	:15				
	:30				
	:45				
1 PM	:00				
	:15				
	:30				
	:45				
2 PM	:00				
	:15				
	:30				
	:45				
3 PM	:00				
	:15				
	:30				
	:45				
4 PM	:00				
	:15				
	:30				
	:45				
5 PM	:00				
	:15				
	:30				
	:45				
6 PM	:00				
	:15				
	:30				
	:45				
7 PM	:00				
	:15				
	:30				
	:45				

Week of ___ / ___

TIME		MONDAY	TUESDAY	WEDNESDAY	THURSDAY
8 AM	:00				
	:15				
	:30				
	:45				
9 AM	:00				
	:15				
	:30				
	:45				
10 AM	:00				
	:15				
	:30				
	:45				
11 AM	:00				
	:15				
	:30				
	:45				
12 PM	:00				
	:15				
	:30				
	:45				
1 PM	:00				
	:15				
	:30				
	:45				
2 PM	:00				
	:15				
	:30				
	:45				
3 PM	:00				
	:15				
	:30				
	:45				
4 PM	:00				
	:15				
	:30				
	:45				
5 PM	:00				
	:15				
	:30				
	:45				
6 PM	:00				
	:15				
	:30				
	:45				
7 PM	:00				
	:15				
	:30				
	:45				

Week of ___ / ___

TIME		FRIDAY	SATURDAY	SUNDAY	NOTES
8 AM	:00				
	:15				
	:30				
	:45				
9 AM	:00				
	:15				
	:30				
	:45				
10 AM	:00				
	:15				
	:30				
	:45				
11 AM	:00				
	:15				
	:30				
	:45				
12 PM	:00				
	:15				
	:30				
	:45				
1 PM	:00				
	:15				
	:30				
	:45				
2 PM	:00				
	:15				
	:30				
	:45				
3 PM	:00				
	:15				
	:30				
	:45				
4 PM	:00				
	:15				
	:30				
	:45				
5 PM	:00				
	:15				
	:30				
	:45				
6 PM	:00				
	:15				
	:30				
	:45				
7 PM	:00				
	:15				
	:30				
	:45				

Week of ___ / ___

TIME		MONDAY	TUESDAY	WEDNESDAY	THURSDAY
8 AM	:00				
	:15				
	:30				
	:45				
9 AM	:00				
	:15				
	:30				
	:45				
10 AM	:00				
	:15				
	:30				
	:45				
11 AM	:00				
	:15				
	:30				
	:45				
12 PM	:00				
	:15				
	:30				
	:45				
1 PM	:00				
	:15				
	:30				
	:45				
2 PM	:00				
	:15				
	:30				
	:45				
3 PM	:00				
	:15				
	:30				
	:45				
4 PM	:00				
	:15				
	:30				
	:45				
5 PM	:00				
	:15				
	:30				
	:45				
6 PM	:00				
	:15				
	:30				
	:45				
7 PM	:00				
	:15				
	:30				
	:45				

Week of ___ / ___

TIME		FRIDAY	SATURDAY	SUNDAY	NOTES
8 AM	:00				
	:15				
	:30				
	:45				
9 AM	:00				
	:15				
	:30				
	:45				
10 AM	:00				
	:15				
	:30				
	:45				
11 AM	:00				
	:15				
	:30				
	:45				
12 PM	:00				
	:15				
	:30				
	:45				
1 PM	:00				
	:15				
	:30				
	:45				
2 PM	:00				
	:15				
	:30				
	:45				
3 PM	:00				
	:15				
	:30				
	:45				
4 PM	:00				
	:15				
	:30				
	:45				
5 PM	:00				
	:15				
	:30				
	:45				
6 PM	:00				
	:15				
	:30				
	:45				
7 PM	:00				
	:15				
	:30				
	:45				

Week of ___ / ___

TIME		MONDAY	TUESDAY	WEDNESDAY	THURSDAY
8 AM	:00				
	:15				
	:30				
	:45				
9 AM	:00				
	:15				
	:30				
	:45				
10 AM	:00				
	:15				
	:30				
	:45				
11 AM	:00				
	:15				
	:30				
	:45				
12 PM	:00				
	:15				
	:30				
	:45				
1 PM	:00				
	:15				
	:30				
	:45				
2 PM	:00				
	:15				
	:30				
	:45				
3 PM	:00				
	:15				
	:30				
	:45				
4 PM	:00				
	:15				
	:30				
	:45				
5 PM	:00				
	:15				
	:30				
	:45				
6 PM	:00				
	:15				
	:30				
	:45				
7 PM	:00				
	:15				
	:30				
	:45				

Week of ___ / ___

TIME		FRIDAY	SATURDAY	SUNDAY	NOTES
8 AM	:00				
	:15				
	:30				
	:45				
9 AM	:00				
	:15				
	:30				
	:45				
10 AM	:00				
	:15				
	:30				
	:45				
11 AM	:00				
	:15				
	:30				
	:45				
12 PM	:00				
	:15				
	:30				
	:45				
1 PM	:00				
	:15				
	:30				
	:45				
2 PM	:00				
	:15				
	:30				
	:45				
3 PM	:00				
	:15				
	:30				
	:45				
4 PM	:00				
	:15				
	:30				
	:45				
5 PM	:00				
	:15				
	:30				
	:45				
6 PM	:00				
	:15				
	:30				
	:45				
7 PM	:00				
	:15				
	:30				
	:45				

Week of ___ / ___

TIME		MONDAY	TUESDAY	WEDNESDAY	THURSDAY
8 AM	:00				
	:15				
	:30				
	:45				
9 AM	:00				
	:15				
	:30				
	:45				
10 AM	:00				
	:15				
	:30				
	:45				
11 AM	:00				
	:15				
	:30				
	:45				
12 PM	:00				
	:15				
	:30				
	:45				
1 PM	:00				
	:15				
	:30				
	:45				
2 PM	:00				
	:15				
	:30				
	:45				
3 PM	:00				
	:15				
	:30				
	:45				
4 PM	:00				
	:15				
	:30				
	:45				
5 PM	:00				
	:15				
	:30				
	:45				
6 PM	:00				
	:15				
	:30				
	:45				
7 PM	:00				
	:15				
	:30				
	:45				

Week of ___ / ___

TIME		FRIDAY	SATURDAY	SUNDAY	NOTES
8 AM	:00				
	:15				
	:30				
	:45				
9 AM	:00				
	:15				
	:30				
	:45				
10 AM	:00				
	:15				
	:30				
	:45				
11 AM	:00				
	:15				
	:30				
	:45				
12 PM	:00				
	:15				
	:30				
	:45				
1 PM	:00				
	:15				
	:30				
	:45				
2 PM	:00				
	:15				
	:30				
	:45				
3 PM	:00				
	:15				
	:30				
	:45				
4 PM	:00				
	:15				
	:30				
	:45				
5 PM	:00				
	:15				
	:30				
	:45				
6 PM	:00				
	:15				
	:30				
	:45				
7 PM	:00				
	:15				
	:30				
	:45				

Week of ___ / ___

TIME		MONDAY	TUESDAY	WEDNESDAY	THURSDAY
8 AM	:00				
	:15				
	:30				
	:45				
9 AM	:00				
	:15				
	:30				
	:45				
10 AM	:00				
	:15				
	:30				
	:45				
11 AM	:00				
	:15				
	:30				
	:45				
12 PM	:00				
	:15				
	:30				
	:45				
1 PM	:00				
	:15				
	:30				
	:45				
2 PM	:00				
	:15				
	:30				
	:45				
3 PM	:00				
	:15				
	:30				
	:45				
4 PM	:00				
	:15				
	:30				
	:45				
5 PM	:00				
	:15				
	:30				
	:45				
6 PM	:00				
	:15				
	:30				
	:45				
7 PM	:00				
	:15				
	:30				
	:45				

Week of ___ / ___

TIME		FRIDAY	SATURDAY	SUNDAY	NOTES
8 AM	:00				
	:15				
	:30				
	:45				
9 AM	:00				
	:15				
	:30				
	:45				
10 AM	:00				
	:15				
	:30				
	:45				
11 AM	:00				
	:15				
	:30				
	:45				
12 PM	:00				
	:15				
	:30				
	:45				
1 PM	:00				
	:15				
	:30				
	:45				
2 PM	:00				
	:15				
	:30				
	:45				
3 PM	:00				
	:15				
	:30				
	:45				
4 PM	:00				
	:15				
	:30				
	:45				
5 PM	:00				
	:15				
	:30				
	:45				
6 PM	:00				
	:15				
	:30				
	:45				
7 PM	:00				
	:15				
	:30				
	:45				

Week of ___ / ___

TIME		MONDAY	TUESDAY	WEDNESDAY	THURSDAY
8 AM	:00				
	:15				
	:30				
	:45				
9 AM	:00				
	:15				
	:30				
	:45				
10 AM	:00				
	:15				
	:30				
	:45				
11 AM	:00				
	:15				
	:30				
	:45				
12 PM	:00				
	:15				
	:30				
	:45				
1 PM	:00				
	:15				
	:30				
	:45				
2 PM	:00				
	:15				
	:30				
	:45				
3 PM	:00				
	:15				
	:30				
	:45				
4 PM	:00				
	:15				
	:30				
	:45				
5 PM	:00				
	:15				
	:30				
	:45				
6 PM	:00				
	:15				
	:30				
	:45				
7 PM	:00				
	:15				
	:30				
	:45				

Week of ___ / ___

TIME		FRIDAY	SATURDAY	SUNDAY	NOTES
8 AM	:00				
	:15				
	:30				
	:45				
9 AM	:00				
	:15				
	:30				
	:45				
10 AM	:00				
	:15				
	:30				
	:45				
11 AM	:00				
	:15				
	:30				
	:45				
12 PM	:00				
	:15				
	:30				
	:45				
1 PM	:00				
	:15				
	:30				
	:45				
2 PM	:00				
	:15				
	:30				
	:45				
3 PM	:00				
	:15				
	:30				
	:45				
4 PM	:00				
	:15				
	:30				
	:45				
5 PM	:00				
	:15				
	:30				
	:45				
6 PM	:00				
	:15				
	:30				
	:45				
7 PM	:00				
	:15				
	:30				
	:45				

Week of ___ / ___

TIME		MONDAY	TUESDAY	WEDNESDAY	THURSDAY
8 AM	:00				
	:15				
	:30				
	:45				
9 AM	:00				
	:15				
	:30				
	:45				
10 AM	:00				
	:15				
	:30				
	:45				
11 AM	:00				
	:15				
	:30				
	:45				
12 PM	:00				
	:15				
	:30				
	:45				
1 PM	:00				
	:15				
	:30				
	:45				
2 PM	:00				
	:15				
	:30				
	:45				
3 PM	:00				
	:15				
	:30				
	:45				
4 PM	:00				
	:15				
	:30				
	:45				
5 PM	:00				
	:15				
	:30				
	:45				
6 PM	:00				
	:15				
	:30				
	:45				
7 PM	:00				
	:15				
	:30				
	:45				

Week of ___ / ___

TIME		FRIDAY	SATURDAY	SUNDAY	NOTES
8 AM	:00				
	:15				
	:30				
	:45				
9 AM	:00				
	:15				
	:30				
	:45				
10 AM	:00				
	:15				
	:30				
	:45				
11 AM	:00				
	:15				
	:30				
	:45				
12 PM	:00				
	:15				
	:30				
	:45				
1 PM	:00				
	:15				
	:30				
	:45				
2 PM	:00				
	:15				
	:30				
	:45				
3 PM	:00				
	:15				
	:30				
	:45				
4 PM	:00				
	:15				
	:30				
	:45				
5 PM	:00				
	:15				
	:30				
	:45				
6 PM	:00				
	:15				
	:30				
	:45				
7 PM	:00				
	:15				
	:30				
	:45				

Week of ___ / ___

TIME		MONDAY	TUESDAY	WEDNESDAY	THURSDAY
8 AM	:00				
	:15				
	:30				
	:45				
9 AM	:00				
	:15				
	:30				
	:45				
10 AM	:00				
	:15				
	:30				
	:45				
11 AM	:00				
	:15				
	:30				
	:45				
12 PM	:00				
	:15				
	:30				
	:45				
1 PM	:00				
	:15				
	:30				
	:45				
2 PM	:00				
	:15				
	:30				
	:45				
3 PM	:00				
	:15				
	:30				
	:45				
4 PM	:00				
	:15				
	:30				
	:45				
5 PM	:00				
	:15				
	:30				
	:45				
6 PM	:00				
	:15				
	:30				
	:45				
7 PM	:00				
	:15				
	:30				
	:45				

Week of ___ / ___

TIME		FRIDAY	SATURDAY	SUNDAY	NOTES
8 AM	:00				
	:15				
	:30				
	:45				
9 AM	:00				
	:15				
	:30				
	:45				
10 AM	:00				
	:15				
	:30				
	:45				
11 AM	:00				
	:15				
	:30				
	:45				
12 PM	:00				
	:15				
	:30				
	:45				
1 PM	:00				
	:15				
	:30				
	:45				
2 PM	:00				
	:15				
	:30				
	:45				
3 PM	:00				
	:15				
	:30				
	:45				
4 PM	:00				
	:15				
	:30				
	:45				
5 PM	:00				
	:15				
	:30				
	:45				
6 PM	:00				
	:15				
	:30				
	:45				
7 PM	:00				
	:15				
	:30				
	:45				

Week of ___ / ___

TIME		MONDAY	TUESDAY	WEDNESDAY	THURSDAY
8 AM	:00				
	:15				
	:30				
	:45				
9 AM	:00				
	:15				
	:30				
	:45				
10 AM	:00				
	:15				
	:30				
	:45				
11 AM	:00				
	:15				
	:30				
	:45				
12 PM	:00				
	:15				
	:30				
	:45				
1 PM	:00				
	:15				
	:30				
	:45				
2 PM	:00				
	:15				
	:30				
	:45				
3 PM	:00				
	:15				
	:30				
	:45				
4 PM	:00				
	:15				
	:30				
	:45				
5 PM	:00				
	:15				
	:30				
	:45				
6 PM	:00				
	:15				
	:30				
	:45				
7 PM	:00				
	:15				
	:30				
	:45				

Week of ___ / ___

TIME		FRIDAY	SATURDAY	SUNDAY	NOTES
8 AM	:00				
	:15				
	:30				
	:45				
9 AM	:00				
	:15				
	:30				
	:45				
10 AM	:00				
	:15				
	:30				
	:45				
11 AM	:00				
	:15				
	:30				
	:45				
12 PM	:00				
	:15				
	:30				
	:45				
1 PM	:00				
	:15				
	:30				
	:45				
2 PM	:00				
	:15				
	:30				
	:45				
3 PM	:00				
	:15				
	:30				
	:45				
4 PM	:00				
	:15				
	:30				
	:45				
5 PM	:00				
	:15				
	:30				
	:45				
6 PM	:00				
	:15				
	:30				
	:45				
7 PM	:00				
	:15				
	:30				
	:45				

Week of ___ / ___

TIME		MONDAY	TUESDAY	WEDNESDAY	THURSDAY
8 AM	:00				
	:15				
	:30				
	:45				
9 AM	:00				
	:15				
	:30				
	:45				
10 AM	:00				
	:15				
	:30				
	:45				
11 AM	:00				
	:15				
	:30				
	:45				
12 PM	:00				
	:15				
	:30				
	:45				
1 PM	:00				
	:15				
	:30				
	:45				
2 PM	:00				
	:15				
	:30				
	:45				
3 PM	:00				
	:15				
	:30				
	:45				
4 PM	:00				
	:15				
	:30				
	:45				
5 PM	:00				
	:15				
	:30				
	:45				
6 PM	:00				
	:15				
	:30				
	:45				
7 PM	:00				
	:15				
	:30				
	:45				

Week of ___ / ___

TIME		FRIDAY	SATURDAY	SUNDAY	NOTES
8 AM	:00				
	:15				
	:30				
	:45				
9 AM	:00				
	:15				
	:30				
	:45				
10 AM	:00				
	:15				
	:30				
	:45				
11 AM	:00				
	:15				
	:30				
	:45				
12 PM	:00				
	:15				
	:30				
	:45				
1 PM	:00				
	:15				
	:30				
	:45				
2 PM	:00				
	:15				
	:30				
	:45				
3 PM	:00				
	:15				
	:30				
	:45				
4 PM	:00				
	:15				
	:30				
	:45				
5 PM	:00				
	:15				
	:30				
	:45				
6 PM	:00				
	:15				
	:30				
	:45				
7 PM	:00				
	:15				
	:30				
	:45				

Week of ___ / ___

TIME		MONDAY	TUESDAY	WEDNESDAY	THURSDAY
8 AM	:00				
	:15				
	:30				
	:45				
9 AM	:00				
	:15				
	:30				
	:45				
10 AM	:00				
	:15				
	:30				
	:45				
11 AM	:00				
	:15				
	:30				
	:45				
12 PM	:00				
	:15				
	:30				
	:45				
1 PM	:00				
	:15				
	:30				
	:45				
2 PM	:00				
	:15				
	:30				
	:45				
3 PM	:00				
	:15				
	:30				
	:45				
4 PM	:00				
	:15				
	:30				
	:45				
5 PM	:00				
	:15				
	:30				
	:45				
6 PM	:00				
	:15				
	:30				
	:45				
7 PM	:00				
	:15				
	:30				
	:45				

Week of ___ / ___

TIME		FRIDAY	SATURDAY	SUNDAY	NOTES
8 AM	:00				
	:15				
	:30				
	:45				
9 AM	:00				
	:15				
	:30				
	:45				
10 AM	:00				
	:15				
	:30				
	:45				
11 AM	:00				
	:15				
	:30				
	:45				
12 PM	:00				
	:15				
	:30				
	:45				
1 PM	:00				
	:15				
	:30				
	:45				
2 PM	:00				
	:15				
	:30				
	:45				
3 PM	:00				
	:15				
	:30				
	:45				
4 PM	:00				
	:15				
	:30				
	:45				
5 PM	:00				
	:15				
	:30				
	:45				
6 PM	:00				
	:15				
	:30				
	:45				
7 PM	:00				
	:15				
	:30				
	:45				

Week of ___ / ___

TIME		MONDAY	TUESDAY	WEDNESDAY	THURSDAY
8 AM	:00				
	:15				
	:30				
	:45				
9 AM	:00				
	:15				
	:30				
	:45				
10 AM	:00				
	:15				
	:30				
	:45				
11 AM	:00				
	:15				
	:30				
	:45				
12 PM	:00				
	:15				
	:30				
	:45				
1 PM	:00				
	:15				
	:30				
	:45				
2 PM	:00				
	:15				
	:30				
	:45				
3 PM	:00				
	:15				
	:30				
	:45				
4 PM	:00				
	:15				
	:30				
	:45				
5 PM	:00				
	:15				
	:30				
	:45				
6 PM	:00				
	:15				
	:30				
	:45				
7 PM	:00				
	:15				
	:30				
	:45				

Week of ___ / ___

TIME		FRIDAY	SATURDAY	SUNDAY	NOTES
8 AM	:00				
	:15				
	:30				
	:45				
9 AM	:00				
	:15				
	:30				
	:45				
10 AM	:00				
	:15				
	:30				
	:45				
11 AM	:00				
	:15				
	:30				
	:45				
12 PM	:00				
	:15				
	:30				
	:45				
1 PM	:00				
	:15				
	:30				
	:45				
2 PM	:00				
	:15				
	:30				
	:45				
3 PM	:00				
	:15				
	:30				
	:45				
4 PM	:00				
	:15				
	:30				
	:45				
5 PM	:00				
	:15				
	:30				
	:45				
6 PM	:00				
	:15				
	:30				
	:45				
7 PM	:00				
	:15				
	:30				
	:45				

Week of ___ / ___

TIME		MONDAY	TUESDAY	WEDNESDAY	THURSDAY
8 AM	:00				
	:15				
	:30				
	:45				
9 AM	:00				
	:15				
	:30				
	:45				
10 AM	:00				
	:15				
	:30				
	:45				
11 AM	:00				
	:15				
	:30				
	:45				
12 PM	:00				
	:15				
	:30				
	:45				
1 PM	:00				
	:15				
	:30				
	:45				
2 PM	:00				
	:15				
	:30				
	:45				
3 PM	:00				
	:15				
	:30				
	:45				
4 PM	:00				
	:15				
	:30				
	:45				
5 PM	:00				
	:15				
	:30				
	:45				
6 PM	:00				
	:15				
	:30				
	:45				
7 PM	:00				
	:15				
	:30				
	:45				

Week of ___ / ___

TIME		FRIDAY	SATURDAY	SUNDAY	NOTES
8 AM	:00				
	:15				
	:30				
	:45				
9 AM	:00				
	:15				
	:30				
	:45				
10 AM	:00				
	:15				
	:30				
	:45				
11 AM	:00				
	:15				
	:30				
	:45				
12 PM	:00				
	:15				
	:30				
	:45				
1 PM	:00				
	:15				
	:30				
	:45				
2 PM	:00				
	:15				
	:30				
	:45				
3 PM	:00				
	:15				
	:30				
	:45				
4 PM	:00				
	:15				
	:30				
	:45				
5 PM	:00				
	:15				
	:30				
	:45				
6 PM	:00				
	:15				
	:30				
	:45				
7 PM	:00				
	:15				
	:30				
	:45				

Week of ___ / ___

TIME		MONDAY	TUESDAY	WEDNESDAY	THURSDAY
8 AM	:00				
	:15				
	:30				
	:45				
9 AM	:00				
	:15				
	:30				
	:45				
10 AM	:00				
	:15				
	:30				
	:45				
11 AM	:00				
	:15				
	:30				
	:45				
12 PM	:00				
	:15				
	:30				
	:45				
1 PM	:00				
	:15				
	:30				
	:45				
2 PM	:00				
	:15				
	:30				
	:45				
3 PM	:00				
	:15				
	:30				
	:45				
4 PM	:00				
	:15				
	:30				
	:45				
5 PM	:00				
	:15				
	:30				
	:45				
6 PM	:00				
	:15				
	:30				
	:45				
7 PM	:00				
	:15				
	:30				
	:45				

Week of ___ / ___

TIME		FRIDAY	SATURDAY	SUNDAY	NOTES
8 AM	:00				
	:15				
	:30				
	:45				
9 AM	:00				
	:15				
	:30				
	:45				
10 AM	:00				
	:15				
	:30				
	:45				
11 AM	:00				
	:15				
	:30				
	:45				
12 PM	:00				
	:15				
	:30				
	:45				
1 PM	:00				
	:15				
	:30				
	:45				
2 PM	:00				
	:15				
	:30				
	:45				
3 PM	:00				
	:15				
	:30				
	:45				
4 PM	:00				
	:15				
	:30				
	:45				
5 PM	:00				
	:15				
	:30				
	:45				
6 PM	:00				
	:15				
	:30				
	:45				
7 PM	:00				
	:15				
	:30				
	:45				

Week of ___ / ___

TIME		MONDAY	TUESDAY	WEDNESDAY	THURSDAY
8 AM	:00				
	:15				
	:30				
	:45				
9 AM	:00				
	:15				
	:30				
	:45				
10 AM	:00				
	:15				
	:30				
	:45				
11 AM	:00				
	:15				
	:30				
	:45				
12 PM	:00				
	:15				
	:30				
	:45				
1 PM	:00				
	:15				
	:30				
	:45				
2 PM	:00				
	:15				
	:30				
	:45				
3 PM	:00				
	:15				
	:30				
	:45				
4 PM	:00				
	:15				
	:30				
	:45				
5 PM	:00				
	:15				
	:30				
	:45				
6 PM	:00				
	:15				
	:30				
	:45				
7 PM	:00				
	:15				
	:30				
	:45				

Week of ___ / ___

TIME		FRIDAY	SATURDAY	SUNDAY	NOTES
8 AM	:00				
	:15				
	:30				
	:45				
9 AM	:00				
	:15				
	:30				
	:45				
10 AM	:00				
	:15				
	:30				
	:45				
11 AM	:00				
	:15				
	:30				
	:45				
12 PM	:00				
	:15				
	:30				
	:45				
1 PM	:00				
	:15				
	:30				
	:45				
2 PM	:00				
	:15				
	:30				
	:45				
3 PM	:00				
	:15				
	:30				
	:45				
4 PM	:00				
	:15				
	:30				
	:45				
5 PM	:00				
	:15				
	:30				
	:45				
6 PM	:00				
	:15				
	:30				
	:45				
7 PM	:00				
	:15				
	:30				
	:45				

Week of ___ / ___

TIME		MONDAY	TUESDAY	WEDNESDAY	THURSDAY
8 AM	:00				
	:15				
	:30				
	:45				
9 AM	:00				
	:15				
	:30				
	:45				
10 AM	:00				
	:15				
	:30				
	:45				
11 AM	:00				
	:15				
	:30				
	:45				
12 PM	:00				
	:15				
	:30				
	:45				
1 PM	:00				
	:15				
	:30				
	:45				
2 PM	:00				
	:15				
	:30				
	:45				
3 PM	:00				
	:15				
	:30				
	:45				
4 PM	:00				
	:15				
	:30				
	:45				
5 PM	:00				
	:15				
	:30				
	:45				
6 PM	:00				
	:15				
	:30				
	:45				
7 PM	:00				
	:15				
	:30				
	:45				

Week of ___ / ___

TIME		FRIDAY	SATURDAY	SUNDAY	NOTES
8 AM	:00				
	:15				
	:30				
	:45				
9 AM	:00				
	:15				
	:30				
	:45				
10 AM	:00				
	:15				
	:30				
	:45				
11 AM	:00				
	:15				
	:30				
	:45				
12 PM	:00				
	:15				
	:30				
	:45				
1 PM	:00				
	:15				
	:30				
	:45				
2 PM	:00				
	:15				
	:30				
	:45				
3 PM	:00				
	:15				
	:30				
	:45				
4 PM	:00				
	:15				
	:30				
	:45				
5 PM	:00				
	:15				
	:30				
	:45				
6 PM	:00				
	:15				
	:30				
	:45				
7 PM	:00				
	:15				
	:30				
	:45				

Week of ___ / ___

TIME		MONDAY	TUESDAY	WEDNESDAY	THURSDAY
8 AM	:00				
	:15				
	:30				
	:45				
9 AM	:00				
	:15				
	:30				
	:45				
10 AM	:00				
	:15				
	:30				
	:45				
11 AM	:00				
	:15				
	:30				
	:45				
12 PM	:00				
	:15				
	:30				
	:45				
1 PM	:00				
	:15				
	:30				
	:45				
2 PM	:00				
	:15				
	:30				
	:45				
3 PM	:00				
	:15				
	:30				
	:45				
4 PM	:00				
	:15				
	:30				
	:45				
5 PM	:00				
	:15				
	:30				
	:45				
6 PM	:00				
	:15				
	:30				
	:45				
7 PM	:00				
	:15				
	:30				
	:45				

Week of ___ / ___

TIME		FRIDAY	SATURDAY	SUNDAY	NOTES
8 AM	:00				
	:15				
	:30				
	:45				
9 AM	:00				
	:15				
	:30				
	:45				
10 AM	:00				
	:15				
	:30				
	:45				
11 AM	:00				
	:15				
	:30				
	:45				
12 PM	:00				
	:15				
	:30				
	:45				
1 PM	:00				
	:15				
	:30				
	:45				
2 PM	:00				
	:15				
	:30				
	:45				
3 PM	:00				
	:15				
	:30				
	:45				
4 PM	:00				
	:15				
	:30				
	:45				
5 PM	:00				
	:15				
	:30				
	:45				
6 PM	:00				
	:15				
	:30				
	:45				
7 PM	:00				
	:15				
	:30				
	:45				

Week of ___ / ___

TIME		MONDAY	TUESDAY	WEDNESDAY	THURSDAY
8 AM	:00				
	:15				
	:30				
	:45				
9 AM	:00				
	:15				
	:30				
	:45				
10 AM	:00				
	:15				
	:30				
	:45				
11 AM	:00				
	:15				
	:30				
	:45				
12 PM	:00				
	:15				
	:30				
	:45				
1 PM	:00				
	:15				
	:30				
	:45				
2 PM	:00				
	:15				
	:30				
	:45				
3 PM	:00				
	:15				
	:30				
	:45				
4 PM	:00				
	:15				
	:30				
	:45				
5 PM	:00				
	:15				
	:30				
	:45				
6 PM	:00				
	:15				
	:30				
	:45				
7 PM	:00				
	:15				
	:30				
	:45				

Week of ___ / ___

TIME		FRIDAY	SATURDAY	SUNDAY	NOTES
8 AM	:00				
	:15				
	:30				
	:45				
9 AM	:00				
	:15				
	:30				
	:45				
10 AM	:00				
	:15				
	:30				
	:45				
11 AM	:00				
	:15				
	:30				
	:45				
12 PM	:00				
	:15				
	:30				
	:45				
1 PM	:00				
	:15				
	:30				
	:45				
2 PM	:00				
	:15				
	:30				
	:45				
3 PM	:00				
	:15				
	:30				
	:45				
4 PM	:00				
	:15				
	:30				
	:45				
5 PM	:00				
	:15				
	:30				
	:45				
6 PM	:00				
	:15				
	:30				
	:45				
7 PM	:00				
	:15				
	:30				
	:45				

Week of ___ / ___

TIME		MONDAY	TUESDAY	WEDNESDAY	THURSDAY
8 AM	:00				
	:15				
	:30				
	:45				
9 AM	:00				
	:15				
	:30				
	:45				
10 AM	:00				
	:15				
	:30				
	:45				
11 AM	:00				
	:15				
	:30				
	:45				
12 PM	:00				
	:15				
	:30				
	:45				
1 PM	:00				
	:15				
	:30				
	:45				
2 PM	:00				
	:15				
	:30				
	:45				
3 PM	:00				
	:15				
	:30				
	:45				
4 PM	:00				
	:15				
	:30				
	:45				
5 PM	:00				
	:15				
	:30				
	:45				
6 PM	:00				
	:15				
	:30				
	:45				
7 PM	:00				
	:15				
	:30				
	:45				

Week of ___ / ___

TIME		FRIDAY	SATURDAY	SUNDAY	NOTES
8 AM	:00				
	:15				
	:30				
	:45				
9 AM	:00				
	:15				
	:30				
	:45				
10 AM	:00				
	:15				
	:30				
	:45				
11 AM	:00				
	:15				
	:30				
	:45				
12 PM	:00				
	:15				
	:30				
	:45				
1 PM	:00				
	:15				
	:30				
	:45				
2 PM	:00				
	:15				
	:30				
	:45				
3 PM	:00				
	:15				
	:30				
	:45				
4 PM	:00				
	:15				
	:30				
	:45				
5 PM	:00				
	:15				
	:30				
	:45				
6 PM	:00				
	:15				
	:30				
	:45				
7 PM	:00				
	:15				
	:30				
	:45				

Week of ___ / ___

TIME		MONDAY	TUESDAY	WEDNESDAY	THURSDAY
8 AM	:00				
	:15				
	:30				
	:45				
9 AM	:00				
	:15				
	:30				
	:45				
10 AM	:00				
	:15				
	:30				
	:45				
11 AM	:00				
	:15				
	:30				
	:45				
12 PM	:00				
	:15				
	:30				
	:45				
1 PM	:00				
	:15				
	:30				
	:45				
2 PM	:00				
	:15				
	:30				
	:45				
3 PM	:00				
	:15				
	:30				
	:45				
4 PM	:00				
	:15				
	:30				
	:45				
5 PM	:00				
	:15				
	:30				
	:45				
6 PM	:00				
	:15				
	:30				
	:45				
7 PM	:00				
	:15				
	:30				
	:45				

Week of ___ / ___

TIME		FRIDAY	SATURDAY	SUNDAY	NOTES
8 AM	:00				
	:15				
	:30				
	:45				
9 AM	:00				
	:15				
	:30				
	:45				
10 AM	:00				
	:15				
	:30				
	:45				
11 AM	:00				
	:15				
	:30				
	:45				
12 PM	:00				
	:15				
	:30				
	:45				
1 PM	:00				
	:15				
	:30				
	:45				
2 PM	:00				
	:15				
	:30				
	:45				
3 PM	:00				
	:15				
	:30				
	:45				
4 PM	:00				
	:15				
	:30				
	:45				
5 PM	:00				
	:15				
	:30				
	:45				
6 PM	:00				
	:15				
	:30				
	:45				
7 PM	:00				
	:15				
	:30				
	:45				

Week of ___ / ___

TIME		MONDAY	TUESDAY	WEDNESDAY	THURSDAY
8 AM	:00				
	:15				
	:30				
	:45				
9 AM	:00				
	:15				
	:30				
	:45				
10 AM	:00				
	:15				
	:30				
	:45				
11 AM	:00				
	:15				
	:30				
	:45				
12 PM	:00				
	:15				
	:30				
	:45				
1 PM	:00				
	:15				
	:30				
	:45				
2 PM	:00				
	:15				
	:30				
	:45				
3 PM	:00				
	:15				
	:30				
	:45				
4 PM	:00				
	:15				
	:30				
	:45				
5 PM	:00				
	:15				
	:30				
	:45				
6 PM	:00				
	:15				
	:30				
	:45				
7 PM	:00				
	:15				
	:30				
	:45				

Week of ___ / ___

TIME		FRIDAY	SATURDAY	SUNDAY	NOTES
8 AM	:00				
	:15				
	:30				
	:45				
9 AM	:00				
	:15				
	:30				
	:45				
10 AM	:00				
	:15				
	:30				
	:45				
11 AM	:00				
	:15				
	:30				
	:45				
12 PM	:00				
	:15				
	:30				
	:45				
1 PM	:00				
	:15				
	:30				
	:45				
2 PM	:00				
	:15				
	:30				
	:45				
3 PM	:00				
	:15				
	:30				
	:45				
4 PM	:00				
	:15				
	:30				
	:45				
5 PM	:00				
	:15				
	:30				
	:45				
6 PM	:00				
	:15				
	:30				
	:45				
7 PM	:00				
	:15				
	:30				
	:45				

Week of ___ / ___

TIME		MONDAY	TUESDAY	WEDNESDAY	THURSDAY
8 AM	:00				
	:15				
	:30				
	:45				
9 AM	:00				
	:15				
	:30				
	:45				
10 AM	:00				
	:15				
	:30				
	:45				
11 AM	:00				
	:15				
	:30				
	:45				
12 PM	:00				
	:15				
	:30				
	:45				
1 PM	:00				
	:15				
	:30				
	:45				
2 PM	:00				
	:15				
	:30				
	:45				
3 PM	:00				
	:15				
	:30				
	:45				
4 PM	:00				
	:15				
	:30				
	:45				
5 PM	:00				
	:15				
	:30				
	:45				
6 PM	:00				
	:15				
	:30				
	:45				
7 PM	:00				
	:15				
	:30				
	:45				

Week of ___ / ___

TIME		FRIDAY	SATURDAY	SUNDAY	NOTES
8 AM	:00				
	:15				
	:30				
	:45				
9 AM	:00				
	:15				
	:30				
	:45				
10 AM	:00				
	:15				
	:30				
	:45				
11 AM	:00				
	:15				
	:30				
	:45				
12 PM	:00				
	:15				
	:30				
	:45				
1 PM	:00				
	:15				
	:30				
	:45				
2 PM	:00				
	:15				
	:30				
	:45				
3 PM	:00				
	:15				
	:30				
	:45				
4 PM	:00				
	:15				
	:30				
	:45				
5 PM	:00				
	:15				
	:30				
	:45				
6 PM	:00				
	:15				
	:30				
	:45				
7 PM	:00				
	:15				
	:30				
	:45				

Week of ___ / ___

TIME		MONDAY	TUESDAY	WEDNESDAY	THURSDAY
8 AM	:00				
	:15				
	:30				
	:45				
9 AM	:00				
	:15				
	:30				
	:45				
10 AM	:00				
	:15				
	:30				
	:45				
11 AM	:00				
	:15				
	:30				
	:45				
12 PM	:00				
	:15				
	:30				
	:45				
1 PM	:00				
	:15				
	:30				
	:45				
2 PM	:00				
	:15				
	:30				
	:45				
3 PM	:00				
	:15				
	:30				
	:45				
4 PM	:00				
	:15				
	:30				
	:45				
5 PM	:00				
	:15				
	:30				
	:45				
6 PM	:00				
	:15				
	:30				
	:45				
7 PM	:00				
	:15				
	:30				
	:45				

Week of ___ / ___

TIME		FRIDAY	SATURDAY	SUNDAY	NOTES
8 AM	:00				
	:15				
	:30				
	:45				
9 AM	:00				
	:15				
	:30				
	:45				
10 AM	:00				
	:15				
	:30				
	:45				
11 AM	:00				
	:15				
	:30				
	:45				
12 PM	:00				
	:15				
	:30				
	:45				
1 PM	:00				
	:15				
	:30				
	:45				
2 PM	:00				
	:15				
	:30				
	:45				
3 PM	:00				
	:15				
	:30				
	:45				
4 PM	:00				
	:15				
	:30				
	:45				
5 PM	:00				
	:15				
	:30				
	:45				
6 PM	:00				
	:15				
	:30				
	:45				
7 PM	:00				
	:15				
	:30				
	:45				

Week of ___ / ___

TIME		MONDAY	TUESDAY	WEDNESDAY	THURSDAY
8 AM	:00				
	:15				
	:30				
	:45				
9 AM	:00				
	:15				
	:30				
	:45				
10 AM	:00				
	:15				
	:30				
	:45				
11 AM	:00				
	:15				
	:30				
	:45				
12 PM	:00				
	:15				
	:30				
	:45				
1 PM	:00				
	:15				
	:30				
	:45				
2 PM	:00				
	:15				
	:30				
	:45				
3 PM	:00				
	:15				
	:30				
	:45				
4 PM	:00				
	:15				
	:30				
	:45				
5 PM	:00				
	:15				
	:30				
	:45				
6 PM	:00				
	:15				
	:30				
	:45				
7 PM	:00				
	:15				
	:30				
	:45				

Week of ___ / ___

TIME		FRIDAY	SATURDAY	SUNDAY	NOTES
8 AM	:00				
	:15				
	:30				
	:45				
9 AM	:00				
	:15				
	:30				
	:45				
10 AM	:00				
	:15				
	:30				
	:45				
11 AM	:00				
	:15				
	:30				
	:45				
12 PM	:00				
	:15				
	:30				
	:45				
1 PM	:00				
	:15				
	:30				
	:45				
2 PM	:00				
	:15				
	:30				
	:45				
3 PM	:00				
	:15				
	:30				
	:45				
4 PM	:00				
	:15				
	:30				
	:45				
5 PM	:00				
	:15				
	:30				
	:45				
6 PM	:00				
	:15				
	:30				
	:45				
7 PM	:00				
	:15				
	:30				
	:45				

Printed by Amazon Italia Logistica S.r.l.
Torrazza Piemonte (TO), Italy

10250507R00062